AF292062

Impressum

© 2023 Rosemarie Stampa
Idee und Gestaltung: Rosemarie Stampa
Layout: Rüdiger Richter

Aus: „Evangelisches Gesangbuch,
Für Gottesdienst, Gebet, Glaube, Leben." 2. Auflage 1995.
Verlag: Evangelische Presseverband für Bayern e.V.

Und aus: „Unser fröhlicher Gesell. Ein Liederbuch für alle Tage",
herausgegeben von Heiner Wolf
Möseler Verlag Wolfenbüttel und Zürich
Voggenreiter Verlag Bad Godesberg. Erweiterte Neuauflage 1964

Herstellung und Verlag: BoD – Books on Demand, Norderstedt
ISBN: 978-3-757-89214-2

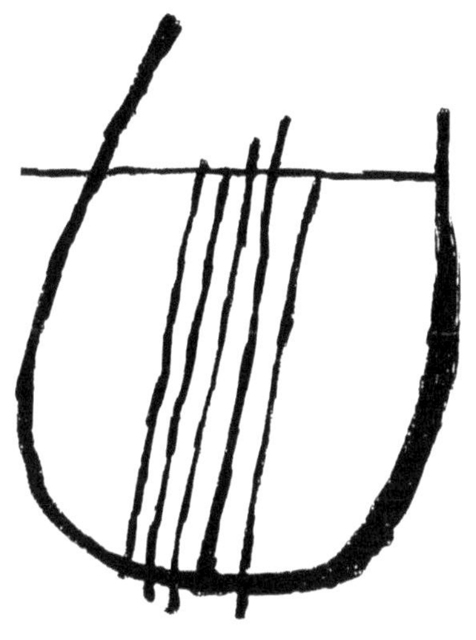

„Das
älteste,
echteste
und schönste
Organ der Musik,
das Organ, dem die Musik
- ihr Dasein verdankt, ist
die menschliche Stimme."

Richard Wagner

„Sprich, und du bist mein Mitmensch.
Singe, und wir sind
Brüder und Schwestern.“

Theodor Gottlieb von Hippel

„Man sollte alle Tage
wenigstens ein kleines Lied
hören, ein gutes Gedicht lesen,
ein treffliches Gemälde sehen
und, wenn es möglich zu machen
wäre, einige vernünftige
Worte sprechen.“

Johann Wolfgang von Goethe

Ein kleines Lied, wie geht's nur an,
dass man so lieb es haben kann?
Was liegt darin? Erzähle!
Es liegt darin ein wenig Klang,
ein wenig Wohllaut und
Gesang und eine ganze Seele.

Marie von Ebner-Eschenbach

Zueignung

Ich widme diese Broschüre meinem lieben Bruder Wolfgang, mit dem ich über Jahre viel und gern gesungen habe.

Uns beiden war es eine große Freude zu singen. Wir haben unsere Lebensfreude und in den Chorälen unseren Dank an den Schöpfer ausdrücken können.

Soli Deo Gloria

Das Singen der Choräle, besonders in leeren Kirchen, war für uns ein „kleiner Gottesdienst" und hat uns sehr erfreut und dankbar werden lassen.

Rosemarie Stampa

Unser Leben vor Gott
ein großer Gesang.

Rainer Maria Rilke

Vorwort

Singen macht uns lebendig. Wir können beim Singen Freude und Leid, Ärger und Enttäuschung ausdrücken.

Ich schlage Ihnen vor es auszuprobieren: Singen Sie, sei es in der Badewanne oder in fröhlicher Runde mit Freunden oder im Gottesdienst zur Ehre Gottes!

Jeder Gesang macht etwas mit unserer Seele. Durch die Atmung beim Singen kann er uns auch „gesünder" machen. Versuchen Sie es doch einmal! Sie werden eine Wirkung spüren. Beim Singen der Geistlichen Lieder und Kanons können wir unsere Seele öffnen. Die aussage-kräftigen Texte gelangen dann direkt in unser Innerstes, so dass der Verstand nicht stören kann.

Das Singen der Choräle ermöglicht eine tiefe Hingabe zu Gott, zu unseren Mitmenschen und zu uns selbst.

Die wunderbaren Texte sind dann wie eine Predigt. Vielleicht können wir dadurch die Liebe zu Gott, zu unseren Mitmenschen und zu uns selbst spüren, erleben und zulassen im Sinne von Augustinus: „Bis orat qui cantat." „Wer singt, betet doppelt." Mich berühren, erfreuen und erfüllen die hier aufgeführten Liedtexte zutiefst.

Rosemarie Stampa

Kraft und Gesang ist mir der Herr.
Er hat mir geholfen.

2. Mose 15,2

Inhaltsverzeichnis

Das ist ein köstlich Ding,
dem Herrn danken und
lobsingen deinem Namen,
du Höchster, des Morgens
deine Gnade und des Nachts
deine Wahrheit verkündigen.

Psalm 92,23

Das Inhaltsverzeichnis ist etwas ungewohnt. -
Mein Bruder Wolfgang und ich haben nicht
nach einem bestimmten Plan oder nach dem
Gesangbuch gesungen. -

Wir haben gesungen, so wie uns die Lieder
eingefallen sind. Da gab es ein
„Seemannslied", vielleicht eine kleine
Erinnerung daran, wann und wo wir es
gesungen haben. Und danach gab es z. B.
einen Kanon oder ein religiöses Lied. Ganz
„kunterbunt" - Deshalb möchte ich auch zur
Erinnerung an unsere „Liederabende" die
Zusammenstellung so aufschreiben, wie wir
die Lieder gesungen haben. Bei den
Seemannsliedern, wir sind in Kiel
aufgewachsen und zur Schule gegangen,
schwingt auch viel an Kindheitserinnerungen
und Fröhlichkeit mit. Bitte stören Sie sich
nicht an der Zusammenstellung! -
In den Kirchen haben wir natürlich keine
Shantys gesungen.

Einige Titel der „Seemannslieder" möchte ich
gerne anführen.

„Wir lieben die Stürme."
„Alle, die mit uns auf Kaperfahrt fahren."
„Ick heff mol en Hamborger Veermaster sehn."

Fortsetzung auf Seite 17

Da singt mir der Wind das ewige Lied.
(beim Gang über den
Friedhof in Keitum/Sylt)

Erika Richter
(Mutter der Autorin)

Fortsetzung von Seite 15

Da wir Beide das Meer als Heimat erlebt haben, sind mir diese Lieder sehr nahe und sehr wichtig. -

Zwischendurch fielen uns auch Gedichte vom Meer ein, die wir dann gleich auswendig aufgesagt haben. - „John Maynard" von Theodor Fontane oder
Nis Randers von Otto Ernst.

Ich wünsche Ihnen viel Freude beim Durchblättern und vielleicht auch beim Mitsingen.

Rosemarie Stampa

Otto Ernst
Nis Randers

Krachen und Heulen und berstende Nacht,
Dunkel und Flammen in rasender Jagd -
Ein Schrei durch die Brandung!

Und brennt der Himmel,
so sieht man's gut.
Ein Wrack auf der Sandbank!
Noch wiegt es die Flut;
Gleich holt sich's der Abgrund.

Nis Randers lugt - und ohne Hast
Spricht er: „Da hängt noch
ein Mann im Mast;
Wir müssen ihn holen."

Da fasst ihn die Mutter:
„Du steigst mir nicht ein!
Dich will ich behalten,
du bliebst mir allein,
Ich will's, deine Mutter!"

Dein Vater ging unter und
Momme, mein Sohn;
Drei Jahre verschollen ist Uwe schon,
Mein Uwe, mein Uwe!"

Nis tritt auf die Brücke.
Die Mutter ihm nach!

Er weist nach dem Wrack
und spricht gemach:
„Und seine Mutter?"

Nun springt er ins Boot und
mit ihm noch sechs:
Hohes, hartes Friesengewächs;
Schon sausen die Ruder.

Boot oben, Boot unten, ein Höllentanz!
Nun muss es zerschmettern …!
Nein, es blieb ganz! …
Wie lange? Wie lange?

Mit feurigen Geißeln peitscht das Meer
Die menschenfressenden Rosse daher;
Sie schnauben und schäumen.

Wie hechelnde Hast sie zusammenzwingt!
Eins auf den Nacken des anderen springt
Mit stampfenden Hufen!

Drei Wetter zusammen! Nun brennt die Welt!
Was da? - Ein Boot, das landwärts hält -
Sie sind es! Sie kommen!

Und Auge und Ohr ins Dunkel gespannt …
Still - ruft da nicht einer? -
Er schreit's durch die Hand:
„Sagt Mutter, 's ist Uwe!"

Gott achtet mich, wenn ich arbeite;
aber er liebt mich, wenn ich singe.

Rabindranath Tagore

Nun danket alle Gott

Nun danket alle Gott
mit Herzen, Mund und Händen,
der große Dinge tut
an uns und allen Enden,
der uns von Mutterleib
und Kindesbeinen an
unzählig viel zu gut
bis hierher hat getan.

Der ewigreiche Gott
woll uns bei unserm Leben
ein immer fröhlich Herz
und edlen Frieden geben
und uns in seiner Gnad
erhalten fort und fort
und uns aus aller Not
erlösen hier und dort.

Lob, Ehr und Preis sei Gott
dem Vater und dem Sohne
und Gott dem Heilgen Geist
im höchsten Himmelsthrone,
ihm, dem dreiein'gen Gott,
wie es im Anfang war
und ist und bleiben wird
so jetzt und immerdar.

Text und Musik:
Martin Rinckart um 1630

Ich liege und schlafe ganz mit Frieden; denn
allein du, Herr, hilfst mir, dass ich sicher wohne.

Psalm 4,9

Danket, danket dem Herrn

Danket, danket dem Herrn,
denn er ist sehr freundlich,
seine Güt und Wahrheit
währet ewiglich.

Kanon nach Psalm 106,1

Gott wohnt, wo man ihn einlässt.

Jüdische Lebensweisheit

Großer Gott, wir loben dich

Großer Gott, wir loben dich,
Herr, wir preisen deine Stärke.
Vor dir neigt die Erde sich
und bewundert deine Werke.
Wie du warst vor aller Zeit,
so bleibst du in Ewigkeit.

Alles, was dich preisen kann,
Cherubim und Seraphinen,
stimmen dir ein Loblied an,
alle Engel, die dir dienen,
rufen dir stets ohne Ruh:
„Heilig, heilig, heilig!" zu.

Sieh dein Volk in Gnaden an.
Hilf uns, segne, Herr, dein Erbe;
leit es auf der rechten Bahn,
dass der Feind es nicht verderbe.
Führe es durch diese Zeit,
nimm es auf in Ewigkeit.

Herr, erbarm, erbarme dich!
Auf uns komme, Herr, dein Segen!
Deine Güte zeige sich
Allen der Verheißung wegen.
Auf dich hoffen wir allein;
Lass uns nicht verloren sein!

Von Ignaz Franz, 1768

*Die Seele ernährt sich von dem,
worüber sie sich freut.*

Augustinus

Ich singe dir mit Herz und Mund,

Ich singe dir mit Herz und Mund,
Herr, meines Herzens Lust;
ich sing und mach auf Erden kund,
was mir von dir bewusst.

Ich weiß, dass du der Brunn der Gnad
und ewge Quelle bist,
daraus uns allen früh und spat
viel Heil und Gutes fließt.

Was sind wir doch? Was haben wir
auf dieser ganzen Erd,
das uns, o Vater, nicht von dir
allein gegeben werd?

Paul Gerhardt, 1653

Was kann der Schöpfer
lieber sehen, als ein
fröhliches Geschöpf.

Gotthold Ephraim Lessing

Lobt froh den Herrn, ihr jugendlichen Chöre!

Lobt froh den Herrn, ihr jugendlichen Chöre!
Er höret gern ein Lied zu seiner Ehre.
Lobt froh den Herrn, lobt froh den Herrn!

Es schallt empor zu deinem Heiligtume
aus unserm Chor ein Lied zu deinem Ruhme,
der uns als Kinder auserkor!

Vom Preise voll, lass unser Herz dir singen!
Das Loblied soll zu deinem Throne dringen,
das Lob, das unsrer Seel entquoll.

Einst kommt die Zeit, wo wir auf tausend Weisen,
o Seligkeit, dich, unsern Vater, preisen
von Ewigkeit zu Ewigkeit!

Georg Geßner, 1795

„Wer sich die Musik erkiest,
hat ein himmlisch Gut gewonnen;
denn ihr erster Ursprung ist
von dem Himmel her gekommen,
weil die lieben Engelein
selber Musikanten sein. "

Martin Luther

Lobe den Herren, den mächtigen König der Ehren

Lobe den Herren, den mächtigen König der Ehren,
lob ihn, o Seele, vereint mit den himmlischen
Chören. Kommet zuhauf, Psalter und Harfe, wacht
auf, lasset den Lobgesang hören.

Lobe den Herren, der alles so herrlich regieret, der
dich auf Adelers Fittichen sicher geführet, der
dich erhält, wie es dir selber gefällt; hast du nicht
dieses verspüret?

Lobe den Herren, der künstlich und fein dich
bereitet, der dir Gesundheit verliehen, dich
freundlich geleitet.
In wieviel Not hat nicht der gnädige Gott
über dir Flügel gebreitet!

Lobe den Herren, der sichtbar dein Leben
gesegnet, der aus dem Himmel mit Strömen der
Liebe geregnet. Denke daran, was der Allmächtige
kann, der dir mit Liebe begegnet!

Lobe den Herren, was in mir ist, lobe den Namen.
Lob ihn mit allen, die seine Verheißung bekamen.
Er ist dein Licht, Seele, vergiss es ja nicht. Lobende
schließe mit Amen.

Joachim Neander, 1680

Ich glaube, daß wenn der Tod unsere
Augen schließt, wir in einem Lichte
stehen, von welchem unser
Sonnenlicht nur der Schatten ist.

Arthur Schopenhauer

Was Gott tut, das ist wohlgetan

Was Gott tut, das ist wohlgetan!
Es bleibt gerecht sein Wille;
Wie er fängt meine Sachen an,
Will ich ihm halten stille.
Er ist mein Gott, der in der Not
Mich wohl weiß zu erhalten,
Drum laß' ich ihn nur walten.

Was Gott tut, das ist wohlgetan!
Er wird mich nicht betrügen,
Er führet mich auf rechter Bahn;
So laß' ich mir genügen
An seiner Huld und hab' Geduld,
Er wird mein Unglück wenden,
Es steht in seinen Händen.

Was Gott tut, das ist wohlgetan!
Dabei will ich verbleiben;
Es mag mich auf die rauhe Bahn
Not, Tod und Elend treiben,
So wird Gott mich ganz väterlich
In seinen Armen halten,
Drum laß' ich ihn nur walten.

Text: Samuel Rodigast, 1675

Sollt ich meinem Gott nicht singen,
sollt ich ihm nicht dankbar sein?
Denn ich seh in allen Dingen,
wie so gut er's mit mir mein'.

Paul Gerhardt

Hevenu shalom alechem,
Hevenu shalom alechem,
Hevenu shalom alechem,
Hevenu shalom alechem,
Shalom alechem.

Hevenu Shalom Alechem ist ein israelisches
Volkslied, das von Juden weltweit gespielt
wird und die Sehnsucht nach Frieden
ausdrückt, den das jüdische Volk seit
Jahrtausenden nicht hat. In dem Liedtext
ist die Rede von Frieden für alle,
was zum Schluss verstärkt wird durch
„Frieden für die ganze Welt".

Text und Melody aus Israel

Einen Menschen lieben
heißt, ihn so sehen,
wie Gott ihn gemeint hat.

Fjodor Michailowitsch Dostojewski

Müde bin ich, geh zur Ruh

Müde bin ich, geh zur Ruh,
schließe meine Augen zu.
Vater, lass die Augen dein
über meinem Bette sein.

Hab ich Unrecht heut getan,
sieh es, lieber Gott, nicht an.
Deine Gnad und Jesu Blut
machen allen Schaden gut.

Alle, die mir sind verwandt,
Gott, lass ruhn in deiner Hand;
alle Menschen, groß und klein,
sollen dir befohlen sein.

Müden Herzen sende Ruh,
nasse Augen schließe zu.
Lass den Mond am Himmel stehn
und die stille Welt besehn.

Luise Hensel, 1817

Das Leben ist tatsächlich voller Wunder.
Mehr noch, es ist wunderbar, und jeder,
der ist nicht länger als selbstverständlich
hinnimmt, wird das sofort bestätigen?

Anthony de Mello

Die güldene Sonne bringt
Leben und Wonne

Die güldene Sonne
bringt Leben und Wonne,
die Finsternis weicht.
Der Morgen sich zeiget,
die Röte aufsteiget,
der Monde verbleicht.

Nun sollen wir loben
den Höchsten dort oben,
dass er uns die Nacht
hat wollen behüten
vor Schrecken und Wüten
der höllischen Macht.

Kommt, lasset uns singen,
die Stimmen erschwingen,
zu danken dem Herrn.
Ei bittet und flehet,
dass er uns beistehet
und weiche nicht fern.

Fortsetzung auf Seite 41

In jedem Menschen ist ein Abgrund.
Den kann man nur mit Gott füllen.

Blaise Pascal

Fortsetzung von Seite 39

Es sei ihm gegeben
mein Leben und Streben,
mein Gehen und Stehn.
Er gebe mir Gaben
zu meinem Vorhaben,
lass richtig mich gehn.

In meinem Studieren
wird er mich wohl führen
und bleiben bei mir,
wird schärfen die Sinnen
zu meinem Beginnen
und öffnen die Tür.

Paul Gerhardt, 1666

Wenn der Mensch gut sein kann,
so kann er es nur, wenn er glücklich ist,
wenn er Harmonie in sich hat, also wenn er liebt.
Dies war die Lehre, die einzige in der Welt,
dies sagte Jesus, dies sagte Buddha,
dies sagte Hegel.

Hermann Hesse
(Aus seinem Nachlass)

Weißt du, wie viel Sternlein stehen?

Weißt du, wie viel Sternlein stehen
An dem blauen Himmelszelt?
Weißt du, wie viel Wolken gehen
Weithin über alle Welt?
Gott der Herr hat sie gezählet,
Daß ihm auch nicht eines fehlet,
An der ganzen großen Zahl.

Weißt du, wie viel Mücklein spielen
In der hellen Sonnenglut?
Wie viel Fischlein auch sich kühlen
In der hellen Wasserflut?
Gott der Herr rief sie mit Namen,
Daß sie all' ins Leben kamen,
Daß sie nun so fröhlich sind.

Weißt du, wie viel Kinder frühe
Stehn aus ihren Bettlein auf,
Daß sie ohne Sorg' und Mühe
Fröhlich sind im Tageslauf?
Gott im Himmel hat an allen
Seine Lust, sein Wohlgefallen,
Kennt auch dich und hat dich lieb.

Wilhelm Hey, 1827

Niemand unter den
Sterblichen ist so groß,
dass er nicht in ein Gebet
eingeschlossen werden könnte.

Bertolt Brecht

Weil ich Jesu Schäflein bin

Weil ich Jesu Schäflein bin,
freu ich mich nur immerhin
über meinen guten Hirten,
der mich wohl weiß zu bewirten;
der mich liebet, der mich kennt
und bei meinem Namen nennt.

Unter seinem sanften Stab
geh ich aus und ein und hab
unaussprechlich süße Weide,
dass ich keinen Mangel leide;
Und so oft ich durstig bin,
führt er mich zum Brunnquell hin.

Sollt ich denn nicht fröhlich sein,
ich beglücktes Schäfelein?
Denn nach diesen schönen Tagen
werd ich endlich heimgetragen
in des Hirten Arm und Schoß.
Amen, ja, mein Glück ist groß!

Henriette Maria Luise von Hayn, 1778

Und die Seele unbewacht
will in freien Flügen schweben,
um im Zauberkreis der Nacht
tief und tausendfach zu leben.

Hermann Hesse

Vor deinen Thron tret ich hiermit,
o Gott, und dich demütig bitt:
Wend doch dein gnädig Angesicht
von mir, dem armen Sünder, nicht.

Du hast mich, o Gott Vater mild,
gemacht nach deinem Ebenbild;
in dir web, schweb und lebe ich,
vergehen müsst ich ohne dich.

Erlass mir meine Sündenschuld
und hab mit deinem Kind Geduld,
zünd in mir Glauben an und Lieb,
zu jenem Leben Hoffnung gib.

Ein selig Ende mir bescher,
am Jüngsten Tag erweck mich, Herr,
dass ich dich schaue ewiglich.
Amen, Amen, erhöre mich.

(Sterbelied des Thomaskantors
Johann Sebastian Bachs)

* 21.03.1685 in Eisenach
† 28.07.1750 in Leipzig

Bodo von Hodenberg, 1646

Gott besucht uns häufig - aber meistens sind wir
nicht zuhause.

Aus dem Zululand

Nun ruhen alle Wälder,
Vieh, Menschen, Städt und Felder,
es schläft die ganze Welt;
ihr aber, meine Sinnen,
auf, auf, ihr sollt beginnen,
was eurem Schöpfer wohlgefällt.

Breit aus die Flügel beide,
o Jesu, meine Freude,
und nimm dein Küchlein ein.
Will Satan mich verschlingen,
so lass die Englein singen:
„Dies Kind soll unverletzet sein."

Auch euch, ihr meine Lieben,
soll heute nicht betrüben
kein Unfall noch Gefahr.
Gott lass euch selig schlafen,
stell euch die güldnen Waffen
ums Bett und seiner Engel Schar.

Paul Gerhardt, 1647

Nicht alle unsere Wünsche, aber alle seine
Verheißungen erfüllt Gott.

Dietrich Bonhoeffer

Geh aus, mein Herz, und suche Freud

Geh aus, mein Herz, und suche Freud
in dieser lieben Sommerzeit
an deines Gottes Gaben;
Schau an der schönen Gärten Zier,
und siehe, wie sie mir und dir
sich ausgeschmücket haben.

Ich selber kann und mag nicht ruhn,
des großen Gottes großes Tun
erweckt mir alle Sinnen;
ich singe mit, wenn alles singt,
und lasse, was dem Höchsten klingt,
aus meinem Herzen rinnen.

Erwähle mich zum Paradeis
und laß mich bis zur letzten Reis
an Leib und Seele grünen,
so will ich dir und deiner Ehr
allein und sonsten keinem mehr
hier und dort ewig dienen.

Paul Gerhardt, 1653

Christus spricht: In der
Welt habt ihr Angst;
aber seid getrost, ich habe
die Welt überwunden.

Johannes 16,33

Dona nobis pacem, pacem;
dona nobis pacem.
Dona nobis pacem,
dona nobis pacem.
Dona nobis pacem,
dona nobis pacem.

Kanon in 3 Stimmen
aus dem altkirchlichen Agnus Dei

Lasse dich nicht ängstigen,
nichts dich erschrecken.
Alles geht vorüber.
Gott allein bleibt derselbe.
Wer Gott hat, der hat alles.
Gott allein genügt.

Theresa von Ávila

*Ick heff mol en Hamborger
Veermaster sehn*

*Ick heff mol en Hamborger Veermaster sehn, De
Masten so scheef as den Schipper sien Been, To my
hoo day, hoo day, ho - ho - ho - ho! Blow, boys,
blow, for Californio,
There's plenty of gold, so I am told,
On the banks of Sacramento.*

*Dat Deck weer vun Isen, vull Schiet un vull
Schmeer. Dat weer de Schietgäng ehr schönstes
Pläseer*

*De Kombüs weer vull Lüüs, de Kajüt weer vull
Schiet, De Beschüten, de leupen vun sülven al wiet.*

*Dat Soltfleesch weer grön, un de Speck weer vull
Modn. Un Kööm geeft dat ook blots an
Wiehnachtsavend*

*Un wullt wi mol seil'n, ick segg ji dat nur,
Denn löpt he dree vörut un veer wedder retour*

*As dat Schipp so weer ok de Kaptein,
De Lüüd för dat Schipp weern ok blots schanghait*

Mir hat eigentlich nichts im Leben so viel Freude
gemacht wie Musik.

Friedrich Nietzsche

Abend ward, bald kommt die Nacht

Abend ward, bald kommt die Nacht,
schlafen geht die Welt;
denn sie weiß, es ist die Wacht
über ihr bestellt.

Einer wacht und trägt allein
ihre Müh und Plag,
der lässt keinen einsam sein,
weder Nacht noch Tag.

Jesu Christ, mein Hort und Halt,
dein gedenk ich nun,
tu mit Bitten dir Gewalt:
Bleib bei meinem Ruhn.

Wenn dein Aug ob meinem wacht,
wenn dein Trost mir frommt,
weiß ich, dass auf gute Nacht
guter Morgen kommt.

Rudolf Alexander Schröder, 1942

Merke auf dieses feine,
unaufhörliche Geräusch;
es ist die Stille.
Horche auf das,
was man hört,
wenn man nichts mehr vernimmt.

Paul Valéry

Der Mond ist aufgegangen

Der Mond ist aufgegangen
Die goldnen Sternlein prangen
Am Himmel hell und klar:
Der Wald steht schwarz und schweiget,
Und aus den Wiesen steiget
Der weiße Nebel wunderbar.

Wie ist die Welt so stille,
Und in der Dämmrung Hülle
So traulich und so hold!
Als eine stille Kammer,
Wo ihr des Tages Jammer
Verschlafen und vergessen sollt.

So legt euch denn, ihr Brüder,
In Gottes Namen nieder!
Kalt ist der Abendhauch.
Verschon' uns Gott mit Strafen,
Und laß uns ruhig schlafen,
Und unsern kranken Nachbar auch!

Matthias Claudius, 1779

Ich lebe mein Leben in
wachsenden Ringen,
die sich über die Dinge ziehn.
Ich werde den letzten vielleicht
nicht vollbringen,
aber versuchen will ich ihn.

Ich kreise um Gott, um den
uralten Turm, und ich
kreise jahrtausendelang;
und ich weiß noch nicht: bin
ich ein Falke, ein Sturm
oder ein großer Gesang.

Rainer Maria Rilke

Herr, bleibe bei uns,

Herr, bleibe bei uns,
denn es will Abend werden,
und der Tag hat sich geneiget.

Kanon

Text: Lukas 24,29
Musik: Albert Thale, 1935

Mein Herr und mein Gott, nimm alles
von mir, was mich hindert zu dir.
Mein Herr und mein Gott, gib alles
mir, was mich fördert zu dir.
Mein Herr und mein Gott, nimm mich mir,
und gib mich ganz zu eigen dir.

Nikolaus von der Flüe

Befiehl du deine Wege

Befiehl du deine Wege
und was dein Herze kränkt
der allertreusten Pflege
des, der den Himmel lenkt.
Der Wolken, Luft und Winden
gibt Wege, Lauf und Bahn,
der wird auch Wege finden,
da dein Fuß gehen kann.

Und ob gleich alle Teufel
hier wollten widerstehn,
so wird doch ohne Zweifel
Gott nicht zurücke gehn;
was er sich vorgenommen
und was er haben will,
das muss doch endlich kommen
zu seinem Zweck und Ziel.

Mach End, o Herr, mach Ende
mit aller unsrer Not;
stärk unsre Füß und Hände
und lass bis in den Tod
uns allzeit deiner Pflege
und Treu empfohlen sein,
so gehen unsre Wege
gewiss zum Himmel ein.

Paul Gerhardt, 1653

Glaube ist der Vogel,
welcher singt, wenn
die Nacht noch dunkel ist.

Rabindranath Tagore

Danksagung:

Ich danke Gott, daß ich über viele Jahre mit meinem lieben Bruder Wolfgang habe singen dürfen. Was für ein Geschenk!

Wir haben Volkslieder, „Jungscharlieder“, und geistliche Lieder gesungen; oft auch zweistimmig. Da mein Bruder leider schon verstorben ist, sind mir die Lieder eine sehr lebendige und dankbare Erinnerung. Ich danke Dir, lieber Wolfgang, für unseren gemeinsamen Gesang.

Ebenfalls danke ich meinem lieben Neffen Rüdiger Richter für die Mitgestaltung der Broschüre.

Rosemarie Stampa

Unser tägliches kleines Leben ist voller Wunder
und Geheimnisse.

Ernesto Cardenal

Nachwort:

Ich würde mich freuen, wenn ich Sie anregen konnte zu singen.

Vielleicht sind Ihnen Lieder aus der Kindheit oder Schulzeit eingefallen mit den entsprechenden Erlebnissen und Gefühlen.

Oder wie Ihre Mutter oder Ihr Vater Ihnen Ihr Lieblingsschlaflied vorgesungen hat.

Oder wie Sie bei einem Fußballspiel Ihre Mannschaft mit einem Lied angefeuert haben.

Oder wie Ihnen ein Lied oder eine „Arie" aus einer Oper oder einem Oratorium eingefallen ist.

Singen macht wirklich lebendig und oft froh.

Rosemarie Stampa